Algoritmos
Nina da Hora

70

Algoritmos
Nina da Hora

MYNEWS EXPLICA ALGORITMOS
© Almedina, 2023
AUTOR: Ana Carolina da Hora

DIRETOR DA ALMEDINA BRASIL: Rodrigo Mentz
EDITOR: Marco Pace
EDITOR DE DESENVOLVIMENTO: Rafael Lima
COORDENADORAS DA COLEÇÃO MYNEWS EXPLICA: Gabriela Lisboa e Mara Luquet
ASSISTENTES EDITORIAIS: Letícia Gabriella Batista e Tacila Souza
ESTAGIÁRIA DE PRODUÇÃO: Natasha Oliveira

REVISÃO: Mariana Mortari e Tamiris Maróstica
DIAGRAMAÇÃO: Almedina
DESIGN DE CAPA: Roberta Bassanetto

ISBN: 9786554271936
Novembro, 2023

Dados Internacionais de Catalogação na Publicação (CIP)
(Câmara Brasileira do Livro, SP, Brasil)

Hora, Nina da
MyNews Explica! Algoritmos / Nina da Hora. –
São Paulo : Edições 70, 2023.

ISBN 978-65-5427-193-6

1. Algoritmos 2. Aprendizagem de máquina
3. Ciência da computação 4. Inteligência artificial
I. Título.

23-171408   CDD-005.1

Índices para catálogo sistemático:

1. Algoritmos : Inteligência artificial :
Programação : Processamento de dados 005.1

Eliane de Freitas Leite - Bibliotecária - CRB 8/8415

Este livro segue as regras do novo Acordo Ortográfico da Língua Portuguesa (1990).

Todos os direitos reservados. Nenhuma parte deste livro, protegido por copyright, pode ser reproduzida, armazenada ou transmitida de alguma forma ou por algum meio, seja eletrônico ou mecânico, inclusive fotocópia, gravação ou qualquer sistema de armazenagem de informações, sem a permissão expressa e por escrito da editora.

EDITORA: Almedina Brasil
Rua José Maria Lisboa, 860, Conj.131 e 132, Jardim Paulista | 01423-001 São Paulo | Brasil
www.almedina.com.br

Apresentação

Zelar pela informação correta de boa qualidade com fontes impecáveis é missão do jornalista. E nós no MyNews levamos isso muito a sério. No século 21, nosso desafio é saber combinar as tradicionais e inovadoras mídias criando um caldo de cultura que ultrapassa barreiras.

A nova fronteira do jornalismo é conseguir combinar todos esses caminhos para que nossa audiência esteja sempre bem atendida quando o assunto é conhecimento, informação e análise.

Confiantes de que nós estaremos sempre atentos e vigilantes, o MyNews foi criado com o objetivo de ser plural e um *hub* de pensamentos que serve como catalisador de debates e ideias para encontrar respostas aos novos desafios, sejam eles econômicos, políticos, culturais, tecnológicos, geopolíticos, enfim, respostas para a vida no planeta nestes tempos tão estranhos.

A parceria com a Almedina para lançar a coleção MyNews Explica vem de uma convergência de propósitos.

A editora que nasceu em Coimbra e ganhou o mundo lusófono compartilha da mesma filosofia e compromisso com o rigor da informação e conhecimento. É reconhecida pelo seu acervo de autores e títulos que figuram no panteão de fontes confiáveis, medalhões em seus campos de excelência.

A coleção MyNews Explica quer estar ao seu lado para desbravar os caminhos de todas as áreas do conhecimento.

Mara Luquet

Nota da Autora

O objetivo deste livro é fornecer uma introdução concisa, mas envolvente, com o propósito de incentivar a participação ativa daqueles que frequentemente foram excluídos das conversas sobre algoritmos e sua interação com a sociedade. Estamos evitando repetir o erro da Revolução Industrial, que dividiu o mundo entre especialistas e não-especialistas. Dessa forma, o propósito central deste trabalho não gira em torno de uma exploração profunda dos conceitos, mas sim em apresentá-los de maneira estimulante, com o intuito de democratizar o acesso a esse importante diálogo

É fundamental lembrar que o conceito de algoritmo não tem sua origem apenas na computação, que aborda situações envolvendo incertezas e probabilidades. Como resultado, é natural que essa abordagem gere mais questionamentos do que respostas.

A relevância dos dados gerados e criados pela humanidade e o papel contemporâneo desempenhado pela ciência e a tecnologia são temas de suma importância. Os avanços tecnológicos e a rápida digitalização têm resultado em uma profusão de dados em todas as esferas da vida, sendo esses dados fundamentais para impulsionar a inovação, o progresso científico e o desenvolvimento socioeconômico. Por essa razão, é imperativo realizar mais uma tentativa de explicar os algoritmos e os conceitos correlatos de maneira acessível e compreensível. Este livro destina-se à leitura durante trajetos de ônibus, trem, intervalos e afins, e foi elaborado para aqueles que necessitam estar atualizados nesse debate. Espero que as próximas páginas sejam proveitosas e desejo-lhes um "até breve"!

Nina da Hora - Cientista da Computação
e Hacker Antirracista

Prefácio

Este é um livro para ser lido "durante trajetos de ônibus, trem, intervalos e afins". Assim Nina da Hora começa nos falando dos algoritmos, exatamente do ponto de onde partiu: seu atribulado dia a dia circulando nos transportes públicos entre duas das cidades mais populosas do estado: Duque de Caxias (de onde ela vem) e o Rio de Janeiro, onde cursou sua graduação em Ciência da Computação na universidade PUC-Rio. Para nos chamar na conversa, ela escolhe exemplos inclusivos a partir de elementos da vida cotidiana de cada um de nós. Quando explica o que é *Aprendizado de Máquina*, Nina cita fotos de cães e gatos; para *Modelos Algorítmicos*, as receitas de bolo; para *Aprendizado não-supervisionado*, participam as maçãs, bananas e laranjas.

Os algoritmos são "complexos e opacos", como ela nos ensina. No entanto, o trunfo desse livro é tornar informações que venham a ser herméticas ou enfadonhas ao público em algo leve, ágil e palatável, sem perder a qualidade do que se propõe a esclarecer e a provocação ao questionamento, levando a entendimentos sobre termos que a mídia tanto veicula atualmente. Ao nos perguntar sobre a Inteligência Artificial, Nina esclarece o papel do grande volume de dados necessário para que surja essa "inteligência", que identifica características, explora e encontra padrões e toma decisões extremamente rápidas que interagem com seu observador e o direcionam. Diante dessa perspectiva, a questão Ética ora se impõe, ora é pano de fundo de sua fala, em que ela destaca o cuidado para que o emprego da tecnologia não resulte em mais injustiça ou discriminação. Transparência e responsabilização devem ser balizadores para todos que trabalham na área, de desenvolvedores a legisladores, não deixando de fora seus evangelistas.

Quem a acompanha nas redes sociais sabe que sua experiência como mulher negra, da Baixada Fluminense, que milita em diversos fóruns, está conectada à realidade do chamado "viés algorítmico", nos alertando para os preconceitos e desigualdades existentes na sociedade que são reproduzidos nos algoritmos. E ao se debruçar sobre este novo universo de possibilidades, umas estimulantes, outras preocupantes, Nina ganha acesso e dá acesso. Parece que esta é a sua crença e justamente aí reside sua enormidade. Porque essa garota já começou grande e não há opacidade algorítmica que nos impeça de enxergar isso!

Carla F. G. Panisset
Hugo Fuks
Gustavo Robichez de Carvalho
Instituto ECOA PUC-Rio

Sumário

Contexto Histórico 13

Parte 1. Introdução aos Conceitos Fundamentais de
Algoritmos, Inteligência Artificial e Aprendizado
de Máquina 17

Algoritmos Básicos. 19
Inteligência artificial – Será inteligência mesmo? . 25
Aprendizado de máquina 29
Diferença entre modelo algorítmico e modelo
  de IA 33
Redes Neurais e Aprendizado Profundo 35

Redes Neurais 35
Aprendizado 36
Aprendizado Profundo (Deep Learning). 36
Opacidade Algorítmica 37

Aplicações de Algoritmos complexos no dia a dia 41

Processamento de Linguagem Natural. 41
Visão Computacional. 44
Reconhecimento de voz 48
Reconhecimento de gestos 52

Parte 2. Governança de Algoritmos 53

O que é governança de algoritmos? 55
Transparência e explicabilidade dos algoritmos . . 59
A responsabilidade e a prestação de contas dos
  desenvolvedores 63

Auditoria e validação. 63
Explicabilidade. 65

A teoria da justiça na governança algorítmica . . . 69
Regulamentações e Políticas 73

*Marco regulatório para Inteligência artificial
  no Brasil.* 75

Privacidade na era da Inteligência Artificial 77
Participação e engajamento social na governança
  algorítmica 81
Estamos desenvolvendo o debate e construindo
  os conceitos. 87

E agora? 93

Contexto Histórico

Os primórdios da criação dos algoritmos situam-se em um contexto histórico que abrange milênios, durante os quais foram concebidas as primeiras técnicas e ferramentas visando solucionar problemas e automatizar processos. No entanto, meu foco recairá sobre alguns pontos de referência cruciais que influenciaram a formação dos algoritmos contemporâneos:

As contribuições africanas para a área dos algoritmos não são tão amplamente documentadas quanto em outras regiões, mas é importante reconhecer que diversas culturas africanas possuíam conhecimentos matemáticos e sistemas de resolução de problemas que poderiam ser considerados rudimentares em relação aos conceitos modernos de algoritmos.

1. **Sistemas Numéricos e Matemáticos:**
   - Egito: Os egípcios antigos desenvolveram sistemas numéricos e matemáticos para contagem, medição de terras e astronomia.

- Etiópia (Axum): O Império Axumita contribuiu com conhecimentos matemáticos e sistemas de medição.

2 **Sistemas de Registro e Contabilidade:**
- Gana: O Império de Gana praticava sistemas de registro e contabilidade para gerenciar o comércio e os recursos.
- Mali: O Império Mali também enfatizava sistemas contábeis para controlar transações comerciais.

3 **Geometria e Navegação:**
- Tanzânia (Civ. Swahili): A civilização swahili na costa leste da África tinha conhecimentos avançados de navegação e geometria para o comércio marítimo.
- Marrocos (Culturas Atlânticas): Culturas ao longo da costa atlântica do norte da África também tinham tradições marítimas que poderiam envolver cálculos de navegação.

4 **Astronomia e Calendários:**
- Egito: Os egípcios eram conhecidos por seus sistemas calendáricos baseados em observações astronômicas.
- Mali: O Império Mali possuía calendários que marcavam eventos astronômicos.

5 **Problemas de Engenharia e Construção:**
- Egito: A construção de monumentos como as pirâmides requereria cálculos e planejamento elaborados.

CONTEXTO HISTÓRICO | 15

- Zimbabwe (Grande Zimbabwe): A cidade de pedra de Grande Zimbabwe destaca habilidades arquitetônicas complexas.

6 Sistemas de Tomada de Decisão:
- Vários países: Muitas sociedades africanas tinham sistemas tradicionais de tomada de decisão, onde anciãos e líderes aplicavam sabedoria e lógica para resolver conflitos e dilemas.

Antiguidade e Idade Média: Os fundamentos teóricos dos algoritmos remontam à antiguidade, com os matemáticos gregos, como Euclides e Arquimedes, que desenvolveram métodos algorítmicos para resolver problemas geométricos. Durante a Idade Média, estudiosos como o persa al-Khwarizmi contribuíram significativamente com o desenvolvimento de técnicas algorítmicas e introduziram o conceito de "álgebra".

Revolução Industrial e Era da Computação: A Revolução Industrial no século XVIII trouxe avanços na tecnologia e na mecânica, que se refletiram no campo dos algoritmos. O advento das máquinas calculadoras e a descoberta do sistema binário por George Boole na década de 1840 pavimentaram o caminho para o desenvolvimento da computação moderna.

Alan Turing e a Teoria da Computação: O trabalho pioneiro de Alan Turing na década de 1930 estabeleceu as bases teóricas para a computação. Turing propôs o conceito de "máquina universal de Turing", que formalizou o processo de computação e mostrou que problemas matemáticos poderiam ser resolvidos algoritmicamente.

A era dos computadores eletrônicos: Durante a Segunda Guerra Mundial, os avanços tecnológicos e a necessidade de processamento rápido de dados levaram ao desenvolvimento dos primeiros computadores eletrônicos, como o Colossus e o ENIAC. Essas máquinas pioneiras foram programadas usando algoritmos.

Algoritmos modernos e a era digital: A partir da década de 1950, com o avanço da eletrônica e o surgimento dos computadores de propósito geral, começaram a ser desenvolvidos algoritmos mais sofisticados para resolver uma variedade de problemas. A evolução da linguagem de programação e a invenção do transistor permitiram o desenvolvimento de algoritmos mais complexos e eficientes.

Algoritmos na era da Internet: Com o rápido avanço da internet e a explosão de dados digitais, os algoritmos tornaram-se ainda mais cruciais. Algoritmos de busca, recomendação, aprendizado de máquina e inteligência artificial têm desempenhado um papel fundamental na organização e extração de informações úteis em larga escala.

É importante reconhecer que os algoritmos não são desenvolvidos em um vácuo histórico, mas são influenciados por fatores sociais, culturais, políticos e econômicos. Compreender o contexto histórico da criação dos algoritmos nos ajuda a apreciar as raízes e a evolução dessas ferramentas poderosas que moldam cada vez mais a nossa sociedade.

Parte 1. Introdução aos Conceitos Fundamentais de Algoritmos, Inteligência Artificial e Aprendizado de Máquina

Os algoritmos, a Inteligência Artificial (IA) e o aprendizado de máquina desempenham um papel crucial na compreensão das tecnologias que moldam a sociedade contemporânea.

Os algoritmos, como mencionado anteriormente, são estruturas lógicas que orientam os computadores na resolução de problemas e na tomada de decisões. Exploraremos a natureza e a importância dessas sequências de instruções, compreendendo como são utilizados em diferentes áreas, desde a otimização de processos até a análise de dados complexos.

Em seguida, adentraremos o universo da inteligência artificial, que engloba uma ampla gama de tecnologias e sistemas capazes de realizar tarefas que normalmente requerem inteligência humana. Discutiremos os diferentes tipos de IA, seus princípios subjacentes e os impactos que ela tem na sociedade e em setores como saúde, transporte, finanças e educação.

Por fim, abordaremos o aprendizado de máquina, um subcampo da Inteligência Artificial que se concentra no desenvolvimento de algoritmos capazes de aprender e melhorar a partir de dados. Exploraremos os princípios do aprendizado supervisionado, não supervisionado e por reforço, destacando aplicações práticas e implicações éticas.

Algoritmos Básicos

Pense em um algoritmo como uma receita de bolo. Assim como a receita detalha os passos para fazer um bolo, o algoritmo é uma sequência de instruções que dizem ao computador como realizar uma tarefa específica.

Os algoritmos podem ser simples ou complexos, dependendo da tarefa que devem cumprir. Eles são projetados para resolver problemas, tomar decisões ou executar uma série de ações em uma ordem específica.

Imaginemos um exemplo simples: como fazer uma xícara de café solúvel. O algoritmo seria algo como:

1. Pegue uma xícara.
2. Coloque uma colher de café em pó na xícara.
3. Adicione água quente à xícara.
4. Misture o café até que esteja bem dissolvido.
5. Adicione açúcar ou leite, se desejar.
6. Pronto, você fez uma xícara de café!

Da mesma forma, os algoritmos em computação seguem uma sequência de passos para resolver um problema. Eles podem envolver cálculos matemáticos, tomada de decisões com base em condições específicas e repetição de ações até que uma determinada condição seja atendida.

Por muito tempo, o desenvolvimento de algoritmos digitais ficou sob domínio de cientistas e engenheiros. Em um universo pouco aberto ao debate de desconstruções, mas que realizou diversos avanços na sociedade atual, *algoritmo* não é mais uma palavra estrangeira e estranha ao grande público. Praticamente qualquer processo no qual precisamos ensinar alguém ou algo a executar uma ação usa o conceito de algoritmos. Por exemplo, uma agenda organiza todos os nossos compromissos e tarefas do dia, da semana, do mês e do ano. A partir do passo a passo lá descrito, executamos as instruções. É interessante que possamos escrever instruções tanto para nós mesmos quanto para outra pessoa.

Os algoritmos podem ser representados de várias maneiras, como pseudocódigo, fluxogramas, linguagens de programação ou linguagem natural. Há diversos aspectos importantes na ciência dos algoritmos, entre os quais podemos destacar:

Design de algoritmos: envolve a criação e desenvolvimento de algoritmos eficientes e precisos para resolver problemas específicos. Isso inclui identificar a abordagem correta, escolher estruturas de dados adequadas e definir os passos lógicos para a solução do problema.

Análise de algoritmos: é o estudo do desempenho e eficiência dos algoritmos. Ela envolve medir o tempo de execução, a utilização de recursos e o comportamento do algoritmo em diferentes cenários. A análise é fundamental para compreender o desempenho dos algoritmos e tomar decisões informadas sobre sua utilização.

Complexidade computacional: estuda os limites teóricos dos algoritmos em termos de tempo e espaço. Ela classifica os problemas com base em sua dificuldade e os algoritmos de acordo com os recursos necessários para resolvê-los. Isso nos ajuda a entender a escalabilidade dos algoritmos e a identificar problemas intratáveis.

Otimização de algoritmos: visa melhorar o desempenho dos algoritmos existentes. Isso pode envolver ajustes para tornar os algoritmos mais rápidos, reduzir a utilização de memória ou energia, ou encontrar soluções mais eficientes para problemas específicos. A otimização de algoritmos é importante para maximizar a eficiência dos sistemas computacionais.

Algoritmos paralelos e distribuídos: são projetados para aproveitar os recursos de múltiplos processadores ou computadores. Eles dividem o problema em partes menores que podem ser resolvidas ou executadas simultaneamente, visando melhorar o desempenho e a escalabilidade. Essa área é essencial em sistemas de alto desempenho e em computação em nuvem.

Algoritmos de aprendizado de máquina: são um conjunto de técnicas que permitem aos computadores aprender e adaptar-se a partir de dados. Eles são usados para treinar modelos que podem realizar tarefas específicas, como reconhecimento de padrões, previsão ou tomada de decisões. O aprendizado de máquina está se tornando cada vez mais importante em diversas áreas, incluindo inteligência artificial e ciência de dados.

Após planejar e desenhar a execução dos algoritmos, é importante pensar em seu armazenamento, a estrutura que será responsável por organizar o raciocínio por trás do algoritmo. E nesta etapa, é importante o estudo das estruturas de dados, que são formas organizadas de armazenar e gerenciar dados em um algoritmo ou programa de computador. Elas fornecem uma organização de forma eficiente e permitem operações específicas, como inserção, remoção, busca e modificação de dados.

Imagine que você está cozinhando algo na cozinha. As ferramentas que você usa, como facas, panelas e colheres, ajudam você a preparar sua comida de maneira eficiente e agradável. Da mesma forma, na programação, usamos ferramentas chamadas "estruturas de dados" para criar algoritmos de maneira eficiente e eficaz.

As estruturas de dados são como caixas especiais onde você guarda diferentes tipos de informações. Cada caixa é boa para um tipo específico de tarefa. Por exemplo:

1 **Listas:** Imagine uma lista de compras, onde você coloca vários itens que precisa pegar no supermercado. As listas em programação também são assim, você pode colocar várias informações dentro delas, como números ou palavras.

2 **Pilhas:** Pense em uma pilha de pratos. Você coloca um prato em cima do outro. Quando você quer pegar um prato, você pega o último que colocou. Nas pilhas de programação, você coloca informações e tira a última que colocou.

3 **Filas:** Imagine uma fila de pessoas esperando em uma loja. A primeira pessoa a entrar é a primeira a sair. Filas de programação funcionam da mesma

maneira, onde você coloca informações na fila e elas saem na ordem em que entraram.

4 **Árvores:** Pense em uma árvore com galhos que se dividem em outros galhos. Nas estruturas de árvores em programação, você organiza informações dessa maneira, onde cada "galho" tem outras informações ligadas a ele.

5 **Mapas/Grafos:** Imagine um mapa em que você marca locais importantes. Nos mapas de programação, você associa informações, como um nome a um número, para encontrá-las mais facilmente.

Para o nosso próximo tópico, as estruturas de dados desempenham um papel fundamental e são usadas para organizar e representar os dados necessários para alimentar os algoritmos de IA e realizar as tarefas de processamento e tomada de decisão. Sabe-se que, em IA, é comum lidar com conjuntos de dados complexos e de grande escala. As estruturas de dados são projetadas para armazenar e acessar dados de forma a garantir que os algoritmos de IA possam trabalhar com eles de maneira rápida e eficaz.

Inteligência artificial – Será inteligência mesmo?

"Há um debate extremamente importante sobre a definição de inteligência artificial e seus usos que por vezes é ignorado para favorecer as 'inovações' impostas por um modelo econômico abusivo que prevalece em nossa sociedade."

Alan Turing é considerado o pai da IA e um dos pioneiros na construção de sistemas que podem executar tarefas que normalmente exigiriam inteligência humana.

Em seu famoso artigo *Computing Machinery and Intelligence*, Turing propõe um teste para determinar se uma máquina pode ser considerada inteligente. O teste consiste em uma conversa na qual o ser humano não sabe que está conversando com uma máquina. Se a máquina conseguir enganar o ser humano, ela pode ser considerada inteligente.

No entanto, Turing também era consciente dos possíveis impactos negativos da IA, como a perda de empregos e a possibilidade de uso mal-intencionado. Turing argumentou que as máquinas não eram uma ameaça para a inteligência humana, pois elas não poderiam substituir a criatividade e o livre-arbítrio que os seres humanos possuem.

A filósofa britânica Mary Midgley argumenta que a IA é uma ferramenta humana e deve ser vista como tal, em vez de ser considerada uma entidade separada com seu próprio conjunto de valores e propósitos. Ela não nega completamente a possibilidade de a IA ter algum tipo de consciência ou inteligência, mas argumenta que esses conceitos só fazem sentido em um contexto humano.

Midgley enfatiza a importância de entender a natureza das ferramentas que usamos, incluindo a IA. Ela defende que a IA é uma criação humana e, portanto, deve ser controlada e guiada pelos seres humanos para servir aos nossos interesses. Ela acredita que a IA deve ser usada para aprimorar nossas próprias habilidades cognitivas, em vez de tentar substituí-las completamente.

Em resumo, para Midgley, a IA é uma ferramenta poderosa que pode ser usada para ampliar habilidades e ajudar a resolver problemas complexos. No entanto, ela adverte que a IA deve ser vista não como uma entidade separada com consciência ou inteligência própria, mas como uma extensão das habilidades humanas.

Já Ruha Benjamin, socióloga e professora de *African Studies* na Universidade de Princeton, nos Estados Unidos, e autora do livro *Race After Technology: Abolitionist Tools for the New Jim Code*, argumenta que a IA pode reforçar o racismo, o sexismo e outras formas de discriminação se não for desenvolvida com uma perspectiva crítica e antirracista.

Benjamin argumenta que a IA é um produto da cultura e das políticas que a criaram e que essas estruturas podem ser perpetuadas através da tecnologia. Ela chama essa tendência de "racismo codificado" e argumenta que é necessário desenvolver uma perspectiva antirracista na criação e uso da tecnologia para evitar perpetuar o racismo e outras formas de discriminação.

Benjamin também argumenta que a IA pode ter impactos desproporcionais sobre comunidades marginalizadas, incluindo minorias raciais, mulheres, pessoas LGBTQIA+ e pessoas com deficiência. Ela defende que é importante incluir essas comunidades na criação e no desenvolvimento da IA para garantir que as tecnologias sejam inclusivas e equitativas.

A dificuldade de conceituação da IA também se dá pela falta de taxonomias em IA, uma questão que tem sido discutida por especialistas em tecnologia e pesquisadores de inteligência artificial.

Uma taxonomia é uma classificação sistemática de conceitos e entidades e é usada para organizar e categorizar informações. A falta de uma taxonomia padrão pode dificultar a compreensão e a comunicação sobre diferentes áreas e subcampos da tecnologia. Por exemplo, diferentes pesquisadores podem usar termos distintos para descrever conceitos semelhantes, o que pode levar a confusão e inconsistência na pesquisa e na literatura.

Além disso, a falta de uma taxonomia pode dificultar a criação de padrões e diretrizes para o desenvolvimento da IA. Sem uma taxonomia clara e padronizada, pode ser difícil identificar e abordar questões importantes relacionadas à segurança, privacidade e ética da IA, o que pode contribuir para uma fraca regulação, por exemplo.

No entanto, é importante notar que a criação de uma taxonomia em IA pode ser um desafio devido à natureza em constante evolução da tecnologia. À medida que novas técnicas e abordagens surgem, a taxonomia pode precisar de atualização para incluir novos desenvolvimentos, assim como os diferentes contextos culturais podem interferir na padronização.

Atualmente, existem algumas iniciativas para criar taxonomias em IA, incluindo a iniciativa de padronização em aprendizado de máquina do IEEE (*Institute of Electrical and Electronics Engineers*) e a taxonomia em IA do grupo de pesquisa Stanford AI100. No entanto, ainda há muito trabalho a ser feito para desenvolver uma taxonomia completa e padronizada para a IA.

Aprendizado de máquina

Aprendizado de máquina (*machine learning*) é um subcampo da Inteligência Artificial que se concentra no desenvolvimento de algoritmos e modelos computacionais que permitem aprendizado e melhora de um sistema com base em dados, sem a necessidade de serem explicitamente programados para realizar tarefas específicas. Aqui temos uma quebra de paradigma de algoritmos básicos para algoritmos mais complexos. Em outras palavras, aprendizado de máquina é uma área da IA que se preocupa em ensinar os computadores a aprenderem a partir de exemplos, assim como nós, seres humanos, aprendemos com a experiência.

Imagine que você está ensinando um cachorro a reconhecer diferentes objetos. Você mostra ao cachorro várias imagens de objetos diferentes, dizendo "isto é um carro" ou "isto é uma bola". Com o tempo, o cachorro começa a reconhecer os objetos sozinho. Da mesma forma, o aprendizado de máquina funciona com computadores. Em vez de programar um computador para realizar uma tarefa específica, nós fornecemos exemplos e deixamos que o computador aprenda a partir deles. O computador analisa os exemplos e procura padrões e características que o ajudem a tomar decisões ou fazer previsões. Por exemplo, se quisermos ensinar um computador a reconhecer imagens de gatos e cachorros, fornecemos a ele fotos de gatos e cachorros. Com base nessas imagens, o computador aprende a distinguir as características que diferenciam gatos de cachorros, como o formato das orelhas, o tamanho dos olhos ou a cor do pelo. Uma vez que o computador tenha aprendido com esses exemplos, ele pode usar esse conhecimento para fazer previsões em novas imagens.

Antes de adentrar nas especificidades, é importante entender as características gerais que embasam o aprendizado de máquina:

Aprendizado com exemplos: Em vez de programar regras e instruções manualmente, podemos fornecer exemplos ao modelo e deixá-lo aprender a partir deles.

Decisões e previsões: O modelo analisa os padrões e características dos exemplos para ajudar a tomar a melhor decisão possível ou fazer uma estimativa do resultado futuro.

Adaptabilidade e melhoria: À medida que recebe mais exemplos e dados, o modelo ajusta suas previsões e decisões para se tornarem mais precisas e eficientes.

Automação de tarefas complexas: O modelo pode realizar automaticamente tarefas que normalmente exigiriam muito tempo e esforço humano. Por exemplo, reconhecimento de voz, detecção de fraudes, recomendações de produtos, tradução automática, entre outros.

Dados complexos: O modelo pode encontrar padrões e extrair informações relevantes desses dados, permitindo que sejam usados em diversas aplicações.

Melhoria contínua: O modelo pode ser aprimorado continuamente à medida que mais dados são coletados e mais experiência é adquirida. Isso garante que esteja sempre atualizado e adaptado a mudanças.

Aprendizado supervisionado: Uma abordagem do aprendizado de máquina em que ensinamos os computadores a realizar tarefas com base em exemplos rotulados. Voltemos ao exemplo do cachorro. Você mostra a ele várias imagens de objetos diferentes e diz o nome de cada. Com o tempo, o cachorro aprende a associar nomes e objetos corretos. Da mesma forma, no aprendizado supervisionado, fornecemos exemplos aos computadores junto com as respostas corretas.

Aprendizado não-supervisionado: Forma de ensinar os computadores a encontrar padrões e estruturas ocultas nos dados, sem a necessidade de ter exemplos rotulados. Em vez de fornecer respostas ao computador, permitimos que ele explore os dados por conta própria e descubra informações importantes. Imagine que você tem uma caixa com diferentes tipos de frutas, mas elas não estão rotuladas. Em vez de dizer ao computador quais são as maçãs, as bananas ou as laranjas, você o deixa explorar os dados e encontrar semelhanças entre as frutas. Ele pode observar características como formato, cor e textura para agrupar as frutas de acordo com suas similaridades. Isso permite que o computador encontre padrões nos dados sem saber previamente quais são as categorias corretas. Ele agrupa instâncias semelhantes e identifica as características que são importantes para distinguir os grupos.

Aprendizado por reforço: Outra abordagem do aprendizado de máquina, na qual ensinamos os computadores a tomar decisões através de um sistema de recompensas. É como ensinar um animal de estimação por meio de recompensas e punições. Nesse tipo de aprendizado, o computador é colocado em um ambiente e interage com ele. O objetivo é aprender a tomar as melhores ações para obter a maior recompensa possível. Essas ações podem afetar o estado atual do ambiente e o estado futuro. Em nosso exemplo, temos um agente virtual que está aprendendo a jogar um jogo de labirinto, no qual ele precisa chegar ao fim. A cada passo, ele recebe uma recompensa ou penalidade com base em seu desempenho. Se avançar na direção correta, recebe uma recompensa positiva; se bater em uma parede, recebe uma penalidade. O objetivo do agente é descobrir qual é a melhor sequência de ações para maximizar a recompensa total ao longo do tempo. Ele explora diferentes ações, observa as recompensas resultantes e aprende a associar determinadas ações com recompensas positivas e outras com penalidades negativas. Ao longo do tempo, o agente aprende a tomar as ações que levam a um maior acúmulo de recompensas, desenvolvendo uma estratégia eficiente para completar o labirinto. Ele usa técnicas como aprendizado por tentativa e erro para melhorar seu desempenho.

Diferença entre modelo algorítmico e modelo de IA

Um modelo algorítmico pode ser comparado a um passo a passo seguido pelo computador para realizar uma tarefa específica. É como uma receita de bolo e você precisa seguir as instruções exatas para obter o resultado desejado. O modelo algorítmico é criado por programadores que escrevem essas instruções para o computador executar. Por outro lado, um modelo de IA é como uma máquina que pode aprender a partir de exemplos e melhorar seu desempenho com o tempo, assim como nós humanos aprendemos com a prática. Em vez de seguir instruções específicas, ele analisa muitos exemplos e descobre padrões e conexões por conta própria.

No exemplo de reconhecimento de gatos e cachorros com um modelo algorítmico, teríamos que programar regras específicas para que o computador identificasse características de cada animal. Ensiná-lo que os gatos têm orelhas pontudas e os cachorros têm orelhas caídas, por exemplo. O computador seguiria essas regras e faria a classificação.

No entanto, com um modelo de IA, alimentamos o computador com muitas imagens de gatos e cachorros, sem dizer explicitamente quais são quais. O computador analisa essas imagens e aprende sozinho a distinguir as características que os diferenciam.

A **diferença fundamental** é que um modelo algorítmico é programado com regras específicas, enquanto um modelo de IA aprende com exemplos e descobre os padrões por conta própria. Os modelos de IA são mais flexíveis e podem lidar com dados mais complexos, permitindo resolver problemas mais desafiadores, como reconhecimento de voz, tradução automática, diagnóstico médico, entre outros.

Redes Neurais e Aprendizado Profundo

Redes Neurais

Imagine que você tem uma grande fábrica. Esta fábrica tem uma linha de produção muito complexa com várias estações de trabalho diferentes. Em cada estação, uma tarefa específica é realizada para transformar a matéria-prima em um produto.

Cada estação de trabalho é como um neurônio em uma rede neural. Ela pega algo, faz algum trabalho, e então o passa para a próxima estação. A matéria-prima é como os dados de entrada que você fornece para a rede neural, e o produto é como a saída da rede.

A linha de produção é dividida em várias seções, cada uma com várias estações de trabalho. Cada seção é como uma camada em uma rede neural. A seção inicial da linha de produção recebe a matéria-prima (os dados de entrada), e a seção final produz o produto acabado (a saída). As seções do meio, que fazem a maior parte do trabalho de transformação, são como as camadas ocultas em uma rede neural.

Aprendizado

Agora, imagine que você acabou de montar essa linha de produção e não tem certeza de como configurar cada estação de trabalho para produzir o melhor produto possível. Então, você começa a experimentar, ajustando as configurações em cada estação de trabalho e vendo como isso afeta o produto final.

Isso é semelhante à forma como uma rede neural aprende. Ela começa com pesos aleatórios (as configurações de cada neurônio), e então ajusta esses pesos com base no quão bem a saída da rede corresponde ao resultado desejado. Com o tempo, a rede neural fica cada vez melhor em produzir a saída correta para cada entrada.

As redes neurais são um conceito complexo, mas essas simplificações podem ajudar a entender como elas funcionam em um nível básico. Espero que essa analogia seja útil!

Aprendizado Profundo (*Deep Learning*)

Agora, vamos falar sobre o aprendizado profundo, que é basicamente uma rede neural com muitas camadas de nós entre a entrada e a saída. Cada camada de nós aprende a reconhecer diferentes características dos dados de entrada.

Quando treinamos uma rede neural profunda para reconhecer imagens de gatos, as primeiras camadas podem

aprender a reconhecer bordas e cores; as camadas interme-
diárias podem reconhecer formas, como orelhas de gato ou
olhos de gato; e as finais podem aprender a combinar essas
formas para reconhecer um gato inteiro.

A "profundidade" dessas redes neurais (ou seja,
o número de camadas de nós) é o que permite que elas
aprendam a reconhecer padrões complexos. É por isso que
o termo "aprendizado profundo" é usado.

Opacidade Algorítmica

Para simplificar o conceito de opacidade algorítmica, vou
compará-la a uma grande fábrica com muitas salas fechadas.

Parado do lado de fora da fábrica, você vê caminhões
carregados de materiais entrando pelos portões e, algum
tempo depois, vê caminhões saindo carregados de produtos
acabados. A fábrica é como uma rede neural, os materiais
são os dados de entrada, e os produtos acabados são as previsões ou decisões da rede neural.

Agora, dentro da fábrica, há muitas salas diferentes
onde acontecem vários processos. Algumas salas podem ter
máquinas cortando peças, outras podem ter pessoas mon-
tando essas peças, e outras ainda podem estar pintando ou
embalando o produto final. Essas salas são como as diferentes camadas de uma rede neural, e as máquinas e trabalha-
dores são como os neurônios e suas conexões. Há tantas
coisas acontecendo em tantas salas diferentes que é quase
impossível entender exatamente o que cada máquina ou
trabalhador está fazendo.

Além disso, o que acontece em uma sala pode afetar o que
acontece em todas as outras. Se uma máquina em uma sala

começa a cortar peças um pouco mais curtas, isso pode mudar a maneira como as peças são montadas na sala seguinte, que por sua vez pode mudar a maneira como o produto é pintado na próxima, e assim por diante. Isso é semelhante à maneira como uma pequena mudança em uma parte da rede neural pode ter grandes efeitos em outra parte, devido à natureza não-linear da aprendizagem em redes neurais.

Por fim, todas as portas e janelas da fábrica estão fechadas, então você não consegue ver ou ouvir o acontece lá dentro. Você pode ter uma ideia geral do que a fábrica está fazendo enquanto observa o que entra e o que sai, mas os detalhes exatos do processo são desconhecidos. Isso é semelhante à maneira como as redes neurais são frequentemente tratadas como uma "caixa preta", onde os detalhes exatos de como a rede toma suas decisões não são facilmente acessíveis.

Então, a opacidade algorítmica é como tentar entender o que está acontecendo dentro dessa grande, complexa e fechada fábrica. É um desafio grande, mas os pesquisadores estão trabalhando em maneiras de tornar essas "fábricas" um pouco mais transparentes, para que possamos entender melhor como funcionam.

O conceito de opacidade em algoritmos tem sido explorado e discutido por vários pesquisadores, estudiosos e pensadores em diferentes áreas. Embora seja difícil atribuir a origem do conceito a uma única pessoa, vários indivíduos contribuíram para o desenvolvimento e compreensão da opacidade em algoritmos. Algumas figuras notáveis a este respeito incluem:

Frank Pasquale: Em seu livro *The Black Box Society*, Frank Pasquale discute extensivamente a opacidade em algoritmos e suas implicações nos domínios das finanças, informações e aplicação da lei. Ele destaca a necessidade de transparência e responsabilidade na tomada de decisões algorítmicas.

Cathy O'Neil: Como matemática e cientista de dados, Cathy O'Neil escreveu sobre o impacto social dos algoritmos e os riscos da opacidade, particularmente em seu livro *Weapons of Math Destruction*. Ela explora como os sistemas algorítmicos podem perpetuar preconceitos e reforçar as desigualdades sociais.

Kate Crawford: Como pesquisadora e estudiosa no campo da inteligência artificial e da ética, Kate Crawford examinou as implicações sociais dos sistemas algorítmicos. Ela levantou preocupações sobre a falta de transparência e responsabilidade na tomada de decisões algorítmicas, particularmente em relação a questões de preconceito e discriminação.

Virginia Dignum: Como especialista em inteligência artificial responsável e ética, Virginia Dignum contribuiu para discussões sobre transparência algorítmica e a necessidade de responsabilidade em sistemas automatizados de tomada de decisão. Ela enfatiza a importância de entender e explicar a lógica por trás das decisões algorítmicas.

É importante observar que o conceito de opacidade em algoritmos evoluiu ao longo do tempo por meio dos esforços coletivos de pesquisadores, acadêmicos e profissionais de várias disciplinas. Esses indivíduos e suas contribuições desempenharam um papel significativo na conscientização e no avanço da compreensão da opacidade em algoritmos, moldando discussões e debates em andamento sobre transparência, responsabilidade e considerações éticas na tomada de decisões algorítmicas.

Aplicações de Algoritmos complexos no dia a dia

Processamento de Linguagem Natural

Imagine-se olhando para uma receita de bolo. Você, como ser humano, é capaz de entender instruções como "pré-aqueça o forno a 180 graus" ou "misture a farinha e o açúcar". Você sabe o que cada uma dessas palavras significa e como se aplicam à tarefa de assar um bolo.

O Processamento de Linguagem Natural (PLN) é como ensinar um computador a ler e entender essa receita da mesma forma que você faria. Ele não apenas precisa reconhecer as palavras individualmente, mas também entender o contexto e o significado por trás delas. Pré-aquecer é diferente de aquecer e misturar a farinha e o açúcar é uma ação diferente de misturar a farinha e os ovos.

Agora, pense que você quer encontrar uma receita de bolo de chocolate em um livro de receitas. Como humano, você folhearia o livro procurando pelas palavras "bolo de chocolate". O PLN permite que um computador faça o mesmo, mas em uma velocidade muito maior. Quando você digita "bolo de chocolate" em um motor de busca online, o PLN é o que permite ao motor de busca entender o que você procura e encontrar as páginas mais relevantes para você.

Por isso, o PLN não é apenas sobre "tradução", mas também sobre compreensão, entender o significado e o contexto por trás das palavras para que possa responder de maneira apropriada. O PLN é o que permite a um computador "ler" e "entender" o texto humano.

O Processamento de Linguagem Natural é um subcampo da Inteligência Artificial e da Linguística Computacional que se concentra na interação entre computadores e linguagem humana. Envolve o desenvolvimento de algoritmos e técnicas para permitir que os computadores compreendam, interpretem e gerem a linguagem humana de forma significativa e útil.

O PLN abrange uma ampla gama de tarefas e aplicações, incluindo:

Análise de texto: Os algoritmos de PLN podem analisar e extrair informações de dados textuais. Isso inclui tarefas como classificação de texto, análise de sentimento, modelagem de tópico e reconhecimento de entidade nomeada.

Tradução automática: O PLN permite a tradução de texto de um idioma para outro. Os sistemas de tradução automática usam modelos baseados em redes neurais ou estatísticas para traduzir texto automaticamente.

Recuperação de informações: As técnicas de PLN são usadas em mecanismos de pesquisa para recuperar informações relevantes de grandes volumes de texto. Isso inclui tarefas como extração de palavras-chave, indexação de documentos e compreensão de consultas.

Resposta a perguntas: Os sistemas de PLN podem entender e responder a perguntas feitas por usuários. Eles podem recuperar informações de bancos de dados estruturados ou fontes de texto não estruturadas para fornecer respostas relevantes.

Chatbots **e assistentes virtuais:** O PLN é usado para desenvolver agentes de conversação que podem entender e responder à linguagem humana. *Chatbots* e assistentes virtuais usam técnicas de PLN para simular conversas naturais e humanas.

Geração de texto: os algoritmos de PLN podem gerar texto semelhante ao humano, como na criação automatizada de conteúdo, resumo de texto ou geração de diálogo.

As técnicas de PLN dependem de uma combinação de abordagens baseadas em regras, modelos estatísticos e algoritmos de aprendizado de máquina. Eles utilizam modelos linguísticos e computacionais para processar e analisar texto, incluindo estruturas sintáticas e semânticas, padrões de linguagem e contexto.

Os avanços no PLN foram impulsionados pela disponibilidade de grandes bases de texto, poderosos recursos de computação e o desenvolvimento de modelos de aprendizado profundo, como redes neurais recorrentes (RNNs) e transformadores, que melhoraram significativamente o desempenho dos sistemas PLN.

O PLN tem inúmeras aplicações práticas em setores como saúde, finanças, atendimento ao cliente, comércio eletrônico e análise de mídia social. Ele continua a evoluir, abrindo novas possibilidades para a interação humano-computador e permitindo que os computadores trabalhem melhor com a linguagem humana.

Visão Computacional

A Visão Computacional é um campo da Inteligência Artificial e processamento de imagens que visa capacitar as máquinas a "ver" e compreender o mundo visualmente, assim como os seres humanos. Ela envolve o desenvolvimento de algoritmos e técnicas para aquisição, processamento, análise e interpretação de imagens e vídeos.

A principal meta da Visão Computacional é permitir que as máquinas compreendam o conteúdo e as informações presentes nas imagens, extrapolando além da simples detecção de padrões visuais. Isso envolve a capacidade de identificar objetos, reconhecer rostos, entender gestos e expressões faciais, extrair características e realizar tarefas mais complexas, como detecção de atividades humanas e interpretação de cenas.

A aquisição de imagens é uma das etapas iniciais da Visão Computacional. Nela as imagens são obtidas de diferentes fontes, como câmeras, sensores e satélites. Em seguida, essas imagens são submetidas a um pré-processamento que envolve a melhoria da qualidade, correção de cores, redução de ruído e normalização, para garantir que as imagens estejam adequadas para análise.

A extração de características é uma etapa crucial, na qual algoritmos são usados para identificar e extrair informações relevantes das imagens, como bordas, formas, texturas e cores. A segmentação é outra etapa importante, em que as imagens são divididas em regiões distintas com base em características específicas, permitindo uma análise mais detalhada dessas regiões.

A partir das características extraídas, é possível realizar tarefas como reconhecimento de padrões, classificação e detecção de objetos. Isso envolve treinar modelos de aprendizado de máquina para identificar e atribuir rótulos a objetos específicos nas imagens, bem como localizar esses objetos em diferentes contextos.

A Visão Computacional tem diversas aplicações práticas em diversos setores, como reconhecimento facial, detecção de objetos, realidade aumentada, veículos autônomos, segurança e vigilância, medicina, robótica e inspeção de qualidade na manufatura. Essas aplicações têm o potencial de melhorar a eficiência, segurança e qualidade em uma ampla gama de áreas.

No entanto, a Visão Computacional também enfrenta desafios significativos. Variabilidades na aparência, complexidade de cenas, dados insuficientes e desbalanceados, generalização e interpretação subjetiva são apenas alguns dos desafios que os pesquisadores enfrentam ao desenvolver sistemas de Visão Computacional robustos e precisos.

À medida que a tecnologia continua a evoluir, a Visão Computacional continua a avançar, abrindo caminho para novas oportunidades e soluções inovadoras. O objetivo final é capacitar as máquinas a compreender e interagir com o mundo visualmente, tornando-as mais capazes de auxiliar e melhorar as atividades humanas em diversos contextos.

A Visão Computacional enfrenta diversos desafios que podem impactar sua eficácia e precisão. Alguns dos principais desafios incluem:

Variabilidade de aparência: As imagens capturadas podem variar significativamente devido a fatores como iluminação, ângulo de visão, escala, oclusões e deformações. Essa variabilidade torna difícil para os algoritmos de Visão Computacional lidar com diferentes condições de imagem e extrair informações consistentes e precisas.

Complexidade de cenas: As cenas visuais podem ser complexas, com múltiplos objetos, interações complexas e variações temporais. A identificação e a compreensão de objetos e contextos em cenas complexas requerem algoritmos avançados capazes de lidar com a diversidade e a dinâmica das informações visuais.

Dados insuficientes ou desbalanceados: O treinamento de modelos de Visão Computacional requer conjuntos de dados adequados e representativos. No entanto, obter dados suficientes e diversificados pode ser um desafio, especialmente para tarefas específicas e em domínios de aplicação específicos. Além disso, o desequilíbrio de dados, com sub-representação, pode levar a vieses nos resultados.

Generalização: A capacidade de um modelo de Visão Computacional de generalizar e aplicar o conhecimento aprendido em diferentes situações é fundamental. No entanto, a generalização pode ser difícil, pois as imagens podem variar em condições, contextos e aparências. Os modelos de Visão Computacional devem ser capazes de adaptar-se a essas variações e generalizar corretamente para novas imagens não vistas durante o treinamento.

Interpretação subjetiva: A interpretação de contextos visuais pode ser subjetiva, variando entre diferentes observadores humanos. Determinar o significado e o contexto correto de uma cena visual pode ser desafiador, especialmente quando envolve informações implícitas ou contextos culturais específicos. Além disso, diferentes interpretações podem levar a resultados inconsistentes e subjetivos.

Escalabilidade: Com o aumento do volume de dados visuais e a necessidade de processamento em tempo real, a escalabilidade é um desafio importante na Visão Computacional. Lidar com grandes quantidades de dados e garantir que os algoritmos e técnicas sejam eficientes e escaláveis é fundamental para aplicar a Visão Computacional em cenários práticos.

Esses desafios exigem pesquisas contínuas e avanços tecnológicos na área da Visão Computacional. Estratégias como aprimoramento de algoritmos, coleta de dados diversificados, abordagens de aprendizado de máquina mais avançadas e técnicas de pré-processamento robustas são essenciais para enfrentar esses desafios e melhorar a precisão e a eficácia da Visão Computacional em diversos contextos de aplicação.

Desafios éticos da Visão Computacional

Lidar com esses desafios éticos requer uma abordagem multidisciplinar, envolvendo especialistas em ética, lei, tecnologia e sociedade. A colaboração entre os setores público e privado e a participação ativa da sociedade civil são fundamentais para promover o desenvolvimento e o uso responsável da Visão Computacional, garantindo que os benefícios sejam maximizados e os riscos minimizados.

Privacidade: A Visão Computacional envolve a coleta e análise de imagens que podem conter informações pessoais identificáveis. A utilização indevida dessas informações viola a privacidade dos indivíduos. É fundamental garantir a proteção adequada dos dados e obter o consentimento apropriado dos envolvidos no uso das informações.

Discriminação e viés: Algoritmos de Visão Computacional podem exibir viés ou discriminação, reproduzindo preconceitos presentes nos dados de treinamento. Isso pode resultar em decisões injustas ou discriminatórias, afetando grupos específicos da sociedade. É importante realizar avaliações de viés e implementar medidas para mitigar e corrigir qualquer viés indesejado.

Manipulação de imagens para fins ilícitos A Visão Computacional pode ser usada para fins prejudiciais, como a disseminação de *deepfakes* (vídeos manipulados com intuito de enganar pessoas). Isso pode ter implicações graves em termos de desinformação, reputação e até mesmo na segurança pública. É fundamental desenvolver mecanismos de detecção e prevenção de *deepfakes* e promover uma utilização responsável e ética das tecnologias de Visão Computacional.

Responsabilidade e prestação de contas: As organizações e os desenvolvedores de algoritmos devem assumir a responsabilidade pelos impactos de suas tecnologias e implementar mecanismos de transparência e prestação de contas para que as decisões tomadas pelos algoritmos sejam compreensíveis e justificáveis.

Reconhecimento de voz

Considere o exemplo de assistente virtual, que é algo com o qual muitas pessoas estão familiarizadas.

Vamos supor que você tenha um dispositivo *Amazon Echo* em casa, que usa a assistente virtual Alexa. Quando você diz "Alexa, toque minha *playlist* favorita", você está usando a tecnologia de reconhecimento de voz.

Aqui está o que acontece em termos simples:

1. Quando você fala, o som de sua voz se propaga pelo ar como ondas sonoras. O *Echo* capta essas ondas sonoras com o microfone.
2. O dispositivo então converte essas ondas sonoras em formato digital, transformando o som de sua voz em uma série de números que um computador pode entender.
3. Essa série de números é enviada para um servidor na nuvem da *Amazon*, onde um software especializado em reconhecimento de voz entra em ação.
4. Este *software* divide o som digitalizado em pequenos pedaços, analisa esses pedaços para identificar os sons individuais (ou "fonemas"), e então monta esses fonemas para formar palavras e frases.
5. Finalmente, a frase "Alexa, toque minha *playlist* favorita" é reconhecida e interpretada, e a Alexa começa a tocar a música que você solicitou.

O reconhecimento de voz é o que torna possível essa interação simples e natural com a Alexa. E não se trata apenas de assistentes virtuais – o reconhecimento de voz está sendo usado em uma variedade de aplicações, desde a transcrição de voz em texto até a operação de dispositivos por comandos de voz. É uma tecnologia fascinante que está tornando os dispositivos cada vez mais interativos e fáceis de usar.

Desafios no reconhecimento de voz

Lidar com os desafios requer pesquisas contínuas, desenvolvimento de algoritmos avançados, coleta de dados representativos, adaptação a diferentes cenários e implementação de medidas para melhorar a precisão, robustez e confiabilidade do Reconhecimento de Voz. O avanço contínuo nesse campo tem o potencial de melhorar a usabilidade de sistemas interativos, assistentes virtuais, transcrição de áudio e muitas outras aplicações práticas.

No reconhecimento de voz, existem desafios significativos que podem afetar sua precisão e confiabilidade. Alguns dos principais desafios incluem:

Ruído de fundo e ambientes acústicos desafiadores: O desempenho do reconhecimento de voz pode ser afetado por ruídos externos, como conversas de fundo, tráfego, música ou ruídos ambientais. Ambientes ruidosos podem dificultar a captura precisa da fala e introduzir interferências que afetam a qualidade do áudio.

Variação de fala: A fala humana pode variar significativamente entre indivíduos, sotaques regionais, entonações, velocidade e estilo de fala. Essas variações podem representar um desafio para os sistemas de reconhecimento de voz, pois requerem a capacidade de compreender e adaptar-se a diferentes estilos de fala para obter resultados precisos.

Vocabulário e contexto: O reconhecimento de voz precisa lidar com uma ampla variedade de vocabulário, incluindo termos técnicos, gírias, nomes próprios e expressões idiomáticas. Além disso, compreender o contexto da fala é importante para interpretar corretamente o significado das palavras e fornecer resultados precisos. O reconhecimento de vocabulário específico ou jargões pode ser desafiador, especialmente quando o contexto disponível é limitado.

Disponibilidade de dados de treinamento: O desempenho do reconhecimento de voz é diretamente influenciado pela qualidade e quantidade de dados de treinamento disponíveis. A diversidade dos dados (incluindo diferentes falantes, estilos de fala e ambientes) é importante para que os modelos sejam robustos e generalizem bem em situações reais. Dados insuficientes ou desbalanceados podem resultar em desempenho insatisfatório e falta de capacidade de adaptação a diferentes cenários.

Processamento em tempo real: Em muitos casos, o reconhecimento de voz precisa ser executado em tempo real, no qual o áudio é processado e os resultados são gerados instantaneamente. Isso representa um desafio em termos de processamento rápido e eficiente, especialmente quando os sistemas precisam lidar com grandes volumes de dados e fornecer respostas em tempo real.

Privacidade e segurança: O reconhecimento de voz envolve a captura e processamento de áudio, o que pode levantar preocupações de privacidade e segurança. Garantir a proteção adequada dos dados de áudio e obter o consentimento apropriado dos usuários é essencial para o uso ético e confiável da tecnologia.

Reconhecimento de gestos

O reconhecimento de gestos é uma tecnologia que permite que os computadores entendam os movimentos que fazemos com nossos corpos, como mãos, braços, cabeça e até mesmo expressões faciais. É como ensinar os computadores a "ver" e interpretar esses gestos, da mesma forma que nós, humanos, fazemos.

Um exemplo comum de reconhecimento de gestos é o uso de sensores em dispositivos como smartphones ou consoles de jogos. Vamos usar o exemplo do controle de movimento em um jogo de dança.

Imagine que você está jogando um jogo de dança em que precisa seguir os movimentos na tela. Em vez de usar um controle tradicional, você pode usar um sensor de movimento, como um controlador de movimento ou a câmera do dispositivo. Quando você faz os movimentos de dança na frente do sensor, o computador reconhece esses gestos e os traduz em ações dentro do jogo. Por exemplo, se você levanta os braços, o personagem na tela também levanta os braços.

Outro exemplo popular é o reconhecimento de gestos em dispositivos de realidade virtual (VR) ou realidade aumentada (AR). Usando câmeras ou sensores especiais, esses dispositivos podem rastrear os movimentos das mãos e dos dedos, permitindo que você interaja com objetos virtuais apenas com gestos.

O reconhecimento de gestos também pode ser usado em aplicações do dia a dia, como sistemas de controle de gestos em apresentações de slides ou até mesmo em dispositivos domésticos inteligentes, para os quais você pode acenar com a mão para controlar a iluminação ou ajustar o volume de música.

Parte 2: Governança de Algoritmos

Na segunda parte deste livro, adentraremos o tema da governança de algoritmos, explorando conceitos importantes relacionados a esse campo emergente.

A governança de algoritmos refere-se aos esforços para regular e controlar o uso de algoritmos e sistemas de Inteligência Artificial. Neste capítulo, apresentaremos uma introdução a esses conceitos fundamentais, discutindo a importância do estabelecimento de diretrizes e políticas adequadas para lidar com as implicações éticas, sociais e legais dessas tecnologias.

Apresentaremos regulamentações existentes e as políticas governamentais relacionadas à Inteligência Artificial e aos algoritmos, em diferentes partes do mundo. Discutiremos as abordagens adotadas por governos, organizações e entidades reguladoras para garantir a transparência, a responsabilidade e a equidade na utilização dessas tecnologias.

Ao longo desta parte, serão abordados exemplos concretos de casos em que a governança de algoritmos se tornou crucial, bem como as lições aprendidas com essas experiências. Nosso objetivo é fornecer uma visão panorâmica dos desafios e oportunidades envolvidos na governança de algoritmos, estimulando o leitor a refletir sobre o papel da sociedade no desenvolvimento e na aplicação dessas tecnologias.

O que é governança de algoritmos?

Com o crescente uso dos algoritmos em várias esferas da sociedade, como tomada de decisões automatizadas, aprendizado de máquina e inteligência artificial, a necessidade de estabelecer diretrizes e regulamentações para garantir seu uso ético e responsável tem se tornado cada vez mais evidente. A governança de algoritmos refere-se aos mecanismos e estratégias adotadas para garantir a transparência, ética e responsabilidade no desenvolvimento, implementação e uso de algoritmos. Com o aumento da automação e da tomada de decisões baseada em algoritmos, é essencial estabelecer diretrizes que assegurem a confiabilidade e a equidade desses sistemas.

Embora a ideia de governança dos algoritmos esteja ganhando destaque, ainda há muito trabalho a ser feito para desenvolver e implementar práticas eficazes de governança. Isso envolve a colaboração de especialistas de várias áreas, como Ética, Direito, Ciência da Computação e Ciências Sociais, para lidar com questões complexas relacionadas à privacidade, vieses algorítmicos, transparência e responsabilidade.

Um dos principais desafios da governança de algoritmos é lidar com o chamado "viés algorítmico", que ocorre quando os algoritmos reproduzem ou ampliam preconceitos e desigualdades existentes na sociedade. É necessário implementar mecanismos de auditoria e monitoramento para identificar e corrigir possíveis vieses nos algoritmos, garantindo a igualdade de oportunidades e evitando a perpetuação de discriminações.

Além disso, a transparência é um elemento-chave na governança de algoritmos. Os usuários devem ter conhecimento sobre quais critérios estão sendo considerados pelos algoritmos e como as decisões são tomadas. É essencial que as organizações forneçam explicações claras e compreensíveis sobre o funcionamento dos algoritmos, permitindo que os usuários possam contestar ou questionar resultados injustos ou prejudiciais.

A governança de algoritmos também envolve a supervisão adequada desses sistemas, seja por parte de órgãos reguladores, entidades independentes ou auditorias internas. Mecanismos de prestação de contas devem ser estabelecidos para garantir que as organizações sejam responsabilizadas por eventuais danos causados pelos algoritmos.

No âmbito legal, alguns países têm buscado regulamentar a governança de algoritmos, criando leis e diretrizes específicas para seu desenvolvimento e uso. Essas regulamentações visam proteger a privacidade, a segurança e os direitos dos indivíduos, bem como garantir a conformidade com princípios éticos e sociais.

Há uma série de princípios que podem orientar a governança de algoritmos. Esses princípios incluem:

Transparência: as pessoas devem ser capazes de entender como os algoritmos funcionam e como são usados. Isso inclui entender os dados usados para treinar algoritmos, o processo de tomada de decisão dos algoritmos e as saídas dos algoritmos.

Justiça: os algoritmos devem ser usados de maneira justa e não discriminatória. Isso significa que eles não devem ser usados para tomar decisões que prejudiquem as pessoas com base em sua raça, sexo, idade ou outras características protegidas.

Responsabilidade: as organizações que usam algoritmos devem ser responsáveis pelas decisões tomadas por esses algoritmos. Isso significa que eles devem ser capazes de explicar como os algoritmos funcionam e por que tomam as decisões que tomam.

Supervisão humana: os humanos devem supervisionar os algoritmos. Isso significa que os humanos devem ser capazes de revisar as decisões dos algoritmos e intervir, se necessário.

Privacidade: As pessoas devem ter controle sobre seus dados pessoais. Isso significa que eles devem poder escolher como seus dados são usados e quem tem acesso a eles.

Ao estabelecer estruturas que promovem esses princípios, a governança de algoritmos visa promover a confiança e salvaguardar os direitos e o bem-estar dos indivíduos e da sociedade como um todo.

Transparência e explicabilidade dos algoritmos

A transparência e explicabilidade dos algoritmos são princípios fundamentais da governança algorítmica. Esses princípios visam garantir que o funcionamento e as decisões tomadas pelos algoritmos sejam compreensíveis e acessíveis aos usuários e à sociedade em geral. Vamos explorar esses conceitos com mais detalhes:

Transparência: A transparência refere-se à clareza e abertura em relação às características, processos e impactos dos algoritmos. Ela envolve fornecer informações suficientes para que os usuários e demais partes interessadas possam entender como os algoritmos operam, quais dados são utilizados, quais critérios são aplicados e como as decisões são tomadas. A transparência dos algoritmos é importante para promover a confiança e permitir uma avaliação crítica de seu funcionamento.

Explicabilidade: A explicabilidade diz respeito à capacidade de um algoritmo ser explicado e compreendido de forma clara. Trata-se de fornecer justificativas e explicações para as decisões tomadas pelos algoritmos, de modo que os usuários possam entender o motivo por trás dessas decisões. A explicabilidade é particularmente relevante em casos em que os algoritmos afetam diretamente a vida das pessoas, como em sistemas de tomada de decisão em saúde, crédito, emprego, entre outros.

A transparência e a explicabilidade dos algoritmos são essenciais por vários motivos:

Viabilizam a **prestação de contas**, permitindo que os desenvolvedores e operadores de algoritmos sejam responsabilizados por suas ações. Quando as pessoas entendem como os algoritmos funcionam e quais critérios são usados, elas podem questionar e avaliar a justiça e a imparcialidade das decisões tomadas pelos algoritmos.

Ajudam na **detecção de viés e discriminação**. Ao compreender como os algoritmos são treinados e quais dados são usados, é possível identificar e corrigir possíveis discriminações ou desigualdades que podem estar presentes nas decisões automatizadas.

Promovem a **confiança dos usuários** nos algoritmos. Quando as pessoas compreendem como os algoritmos funcionam e podem obter explicações claras sobre as decisões, elas têm mais confiança no uso dessas tecnologias e em seus resultados.

Permitem **supervisão e melhoria contínua** ao longo do tempo. Ao entender como os algoritmos operam e quais decisões estão sendo tomadas, é possível identificar erros, identificar possíveis melhorias e realizar ajustes necessários.

Apesar de sua importância, há **desafios e considerações** em sua implementação. Algoritmos complexos, como redes neurais profundas, podem ser difíceis de serem totalmente compreendidos, mesmo pelos próprios desenvolvedores. Além disso, a explanação detalhada de alguns algoritmos pode revelar informações sensíveis ou proprietárias. Portanto, **equilibrar a transparência e a proteção de dados é um desafio**.

A responsabilidade e a prestação de contas dos desenvolvedores

A responsabilidade no desenvolvimento de algoritmos refere-se a mecanismos para manter os sistemas algorítmicos e seus criadores responsáveis por suas ações, decisões e impactos. Como os algoritmos desempenham um papel cada vez mais significativo em vários aspectos de nossas vidas, incluindo finanças, saúde, aplicação da lei e mídia social, garantir a responsabilidade é crucial para lidar com possíveis preconceitos, discriminação ou outras consequências negativas.

Auditoria e validação

Auditoria e validação em algoritmos são processos importantes para avaliar e garantir a qualidade, eficácia e ética dos sistemas algorítmicos. Essas práticas têm o objetivo de examinar e verificar se os algoritmos estão funcionando corretamente, atendendo aos requisitos estabelecidos e produzindo resultados confiáveis. A auditoria e validação em algoritmos podem incluir os seguintes aspectos:

Elas envolvem a **análise de desempenho** dos algoritmos em relação aos critérios estabelecidos. Isso pode incluir a medição de métricas como precisão, *recall*, taxa de erro e tempo de resposta. A análise de desempenho permite identificar possíveis problemas ou ineficiências nos algoritmos.

Também auxiliam a **verificação de conformidade** dos algoritmos com requisitos legais, éticos, regulatórios e de privacidade. Isso inclui avaliar se o algoritmo coleta e utiliza os dados de maneira adequada, respeitando a privacidade e cumprindo as leis e regulamentações relevantes.

Os algoritmos podem ser submetidos a **testes de robustez** para avaliar seu desempenho em diferentes cenários e condições. Isso inclui a aplicação de casos de teste abrangentes, simulações de dados adversários ou avaliação de respostas a perturbações ou anomalias nos dados. Os testes de robustez ajudam a identificar vulnerabilidades e garantir que os algoritmos possam lidar com situações inesperadas ou difíceis.

A auditoria e validação em algoritmos devem examinar a presença de vieses e garantir que os algoritmos sejam justos e imparciais. Isso envolve a análise dos dados de treinamento utilizados pelos algoritmos, a identificação de possíveis discriminações e a mitigação de vieses indesejados. A **avaliação de viés e equidade** é essencial para evitar a reprodução de desigualdades e injustiças sociais.

Elas também podem envolver a **revisão por pares** de algoritmos por especialistas independentes. Essa revisão crítica e imparcial pode fornecer *insights* valiosos sobre o desempenho, ética e conformidade dos algoritmos.

A revisão por pares promove uma abordagem colaborativa e a identificação de possíveis melhorias ou problemas não detectados internamente.

Explicabilidade

Explicabilidade de algoritmos refere-se à capacidade de entender e explicar como os algoritmos tomam decisões ou geram resultados. É o grau em que os processos de tomada de decisão dos algoritmos podem ser compreendidos e comunicados de forma clara e compreensível para os usuários, partes interessadas e especialistas.

A explicabilidade é especialmente importante em contextos em que as decisões dos algoritmos têm impacto significativo nas vidas das pessoas, como em áreas de saúde, justiça criminal, empréstimos financeiros e contratação. A falta de explicabilidade pode gerar desconfiança, preocupação sobre vieses e discriminação, bem como limitar a capacidade de corrigir ou recorrer em caso de decisões injustas.

Existem diferentes níveis de explicabilidade, dependendo da complexidade do algoritmo e do contexto de uso. Alguns métodos comuns de alcançar explicabilidade em algoritmos incluem:

Regras e lógica: Algoritmos baseados em regras e lógica podem ser facilmente explicados, pois as decisões são tomadas com base em condições e critérios específicos. As regras podem ser comunicadas de forma clara para mostrar como os resultados foram obtidos.

Métodos estatísticos: Algoritmos baseados em métodos estatísticos, como regressão linear ou árvores de decisão, podem fornecer alguma explicabilidade, pois é possível mostrar como as variáveis contribuem para as decisões e como os pesos ou probabilidades são calculados.

Modelos *interpretable*: Alguns algoritmos são projetados especificamente para serem interpretáveis, como regressão logística, *Naive Bayes* ou LIME (*Local Interpretable Model-Agnostic Explanations*). Esses modelos fornecem explicações claras sobre como as variáveis de entrada influenciam as decisões.

A representação visual dos resultados ou processos de um algoritmo pode ajudar na explicabilidade. Gráficos, diagramas ou interfaces interativas podem permitir que os usuários entendam melhor o fluxo de decisão ou o impacto das variáveis de entrada.

A disponibilização de documentação detalhada, incluindo descrições dos algoritmos, dados utilizados e critérios de tomada de decisão, pode aumentar a explicabilidade. Isso permite que os usuários e partes interessadas revisem, compreendam e avaliem as decisões tomadas pelos algoritmos.

A explicabilidade em algoritmos é um tópico ativo de pesquisa e desenvolvimento. Avanços estão sendo feitos para criar métodos mais eficazes de explicação em algoritmos de aprendizado de máquina complexos, como redes neurais profundas, que são conhecidos por sua falta de explicabilidade. A busca contínua pela explicabilidade visa garantir que os algoritmos sejam compreendidos, confiáveis e justos, fornecendo uma base para a confiança e aceitação dessas tecnologias em diferentes setores e aplicações.

Os desenvolvedores têm a responsabilidade de projetar, implementar e manter algoritmos e sistemas de inteligência artificial de forma ética, justa e segura. Isso inclui garantir a conformidade com leis, regulamentos e princípios éticos, bem como promover o uso responsável dessas tecnologias. Os desenvolvedores devem considerar os impactos sociais, econômicos e éticos de seus algoritmos e tomar medidas adequadas para mitigar possíveis consequências negativas.

A prestação de contas dos desenvolvedores implica em assumir a responsabilidade por suas ações e decisões relacionadas aos algoritmos e sistemas de IA. Isso envolve ser transparente sobre o processo de desenvolvimento, os critérios de tomada de decisão e os dados utilizados. Os desenvolvedores devem fornecer explicações claras e acessíveis sobre as decisões tomadas pelos algoritmos, além de serem abertos a críticas e *feedbacks*. A prestação de contas também inclui a correção de erros, a implementação de melhorias e a aprendizagem com experiências passadas.

Os usuários também têm responsabilidade em relação ao uso dos algoritmos e sistemas de IA. Eles devem se familiarizar com as diretrizes e restrições estabelecidas pelos desenvolvedores, bem como utilizar essas tecnologias de maneira ética e adequada. Os usuários devem estar cientes dos possíveis vieses e limitações dos algoritmos e evitar a reprodução de discriminações ou injustiças. Além disso, os usuários devem fornecer *feedbacks* e relatar problemas ou preocupações relacionadas ao funcionamento dos algoritmos.

A prestação de contas dos usuários envolve a responsabilidade de tomar decisões informadas e conscientes em relação ao uso dos algoritmos. Isso inclui a compreensão dos impactos e riscos associados ao uso dessas tecnologias, bem como o monitoramento e a avaliação crítica dos resultados obtidos. Os usuários têm o papel de questionar e demandar transparência dos desenvolvedores, além de contribuir para o aprimoramento contínuo dos algoritmos.

A responsabilidade em algoritmos é uma área complexa e em evolução. Requer colaboração entre tecnólogos, formuladores de políticas, especialistas em ética e outras partes interessadas para desenvolver estruturas que promovam transparência, justiça e práticas éticas na tomada de decisões algorítmicas. Ao responsabilizar os algoritmos e seus criadores, podemos trabalhar para garantir que esses sistemas sirvam ao bem comum e defendam os valores de equidade, justiça e igualdade.

A teoria da justiça na governança algorítmica

A teoria da justiça de John Rawls, introduzida em sua obra intitulada *Uma Teoria da Justiça*, aborda os princípios fundamentais que devem reger uma sociedade justa. Embora a teoria de Rawls não aborde explicitamente a relação com os algoritmos, podemos explorar como seus princípios podem ser aplicados ao contexto dos algoritmos e à governança algorítmica.

Princípios da Justiça de John Rawls:

Princípio da liberdade: Cada pessoa tem direito a um conjunto básico de liberdades políticas e civis, que devem ser garantidas e protegidas.

No contexto dos algoritmos, o princípio da liberdade pode ser aplicado para garantir que o uso de algoritmos não viole os direitos fundamentais das pessoas, como liberdade de expressão, privacidade e não discriminação. A governança algorítmica deve assegurar que os algoritmos respeitem e protejam essas liberdades individuais.

Princípio da diferença: As desigualdades socioeconômicas devem ser estruturadas de forma a beneficiar os menos privilegiados na sociedade. A desigualdade é aceitável somente se ela beneficia os menos favorecidos.

No contexto dos algoritmos, o princípio da diferença pode ser aplicado para garantir que as decisões algorítmicas não agravem desigualdades sociais existentes ou resultem em discriminação. A governança algorítmica deve buscar mitigar vieses algorítmicos e assegurar que os algoritmos não perpetuem injustiças sociais.

Véu da ignorância: As decisões sobre a estrutura da sociedade devem ser tomadas sob uma posição de imparcialidade, em que as pessoas não conhecem sua posição social, econômica ou habilidades individuais.

Embora o véu da ignorância não tenha uma aplicação direta nos algoritmos, seu espírito pode ser considerado na governança algorítmica. Isso envolve garantir a transparência e a explicabilidade dos algoritmos, permitindo que as pessoas compreendam como funcionam e como as decisões são tomadas. A governança algorítmica também deve incluir uma variedade de perspectivas e vozes para evitar decisões que beneficiem apenas alguns grupos privilegiados.

A aplicação dos princípios de justiça de Rawls aos algoritmos e à governança algorítmica requer um esforço contínuo para assegurar que essas tecnologias sejam utilizadas de forma ética, responsável e justa. Isso envolve a criação de regulamentações, políticas e mecanismos de prestação de contas que garantam a transparência, a não discriminação e a equidade na tomada de decisões algorítmicas.

Além desses princípios, outros conceitos filosóficos podem ser relevantes na discussão sobre a aplicação ética dos algoritmos. Por exemplo, o princípio da responsabilidade moral pode ser considerado na governança algorítmica. Esse princípio enfatiza a importância de atribuir responsabilidade às partes envolvidas nos processos algorítmicos, incluindo criadores dos algoritmos, desenvolvedores, usuários e organizações que os implementam.

A ética do cuidado também pode ser aplicada à governança algorítmica, enfatizando a necessidade de considerar as consequências e impactos dos algoritmos nas vidas das pessoas. Isso envolve uma abordagem empática e sensível para avaliar e mitigar os riscos e danos potenciais causados pelos algoritmos.

Além disso, o princípio da transparência radical pode ser considerado na governança algorítmica. Esse princípio sugere que os algoritmos devem ser transparentes e acessíveis a todos, permitindo que as pessoas compreendam como funcionam, como são usados e como afetam suas vidas. Isso pode envolver a divulgação de informações sobre os dados utilizados, os critérios de tomada de decisão e a análise de possíveis vieses ou discriminações.

A governança algorítmica também deve levar em consideração os princípios da equidade intergeracional, que se concentram nas implicações de longo prazo dos algoritmos para as futuras gerações. Isso envolve a tomada de decisões que não comprometam os recursos, o meio ambiente ou os direitos das gerações futuras.

No geral, a aplicação ética dos algoritmos e a governança algorítmica requerem uma abordagem holística e multidisciplinar, que combine princípios éticos, responsabilidade, cuidado e transparência. Esses conceitos filosóficos podem informar e orientar a criação de políticas, diretrizes e práticas que garantam o uso responsável e justo dos algoritmos em benefício de toda a sociedade.

Regulamentações e Políticas

O papel das organizações e entidades reguladoras na definição de políticas é essencial para estabelecer diretrizes claras e garantir a conformidade com as regulamentações. Essas entidades podem incluir órgãos governamentais, agências reguladoras, organizações de padronização e outras instituições envolvidas na supervisão e governança de tecnologias.

Essas organizações podem desempenhar um papel importante na condução de pesquisas, consultas públicas e debates para definir políticas relacionadas à governança algorítmica. Elas podem colaborar com especialistas, acadêmicos, organizações da sociedade civil e a indústria para desenvolver diretrizes e melhores práticas que promovam a ética, a responsabilidade e a equidade no uso de algoritmos.

No entanto, a criação de regulamentações eficazes para a governança algorítmica também apresenta desafios e dilemas. Alguns dos desafios incluem:

Velocidade de inovação tecnológica: A rápida evolução da tecnologia pode dificultar o acompanhamento e a regulamentação eficaz dos avanços algorítmicos. As regulamentações podem enfrentar dificuldades em manter-se atualizadas e relevantes em um ambiente tecnológico em constante mudança.

Complexidade técnica: Os algoritmos podem ser complexos e opacos, dificultando a compreensão e a regulamentação de seu funcionamento. Isso pode tornar desafiador para as autoridades reguladoras monitorar e avaliar o cumprimento das regulamentações.

Dilemas éticos: A criação de regulamentações requer consideração cuidadosa de dilemas éticos, como equilibrar a transparência dos algoritmos com a proteção de informações sensíveis ou lidar com o conflito entre a precisão dos algoritmos e a justiça das decisões.

Abordagem global: A natureza global dos algoritmos e da governança algorítmica apresenta desafios para a harmonização das regulamentações em diferentes países. A coordenação internacional pode ser necessária para abordar questões transfronteiriças e garantir uma governança consistente e eficaz.

Exemplos de regulamentações governamentais relacionadas à governança algorítmica podem variar de acordo com o país e as preocupações específicas em relação aos algoritmos. Alguns exemplos incluem:

Regulamentação de proteção de dados: Leis como o Regulamento Geral de Proteção de Dados (GDPR) na União Europeia estabelecem diretrizes para o uso e processamento de dados pessoais, incluindo dados utilizados por algoritmos. Essas regulamentações visam proteger a privacidade dos indivíduos e exigem transparência nas práticas de coleta, armazenamento e uso de dados.

Regulamentação de não discriminação: Algumas jurisdições estão desenvolvendo regulamentações para mitigar a discriminação algorítmica e garantir a equidade. Por exemplo, a cidade de Nova York promulgou uma lei que exige que as agências municipais forneçam explicações sobre o uso de algoritmos em decisões relacionadas a serviços públicos.

Regulamentação de transparência e explicabilidade: Regulamentações estão sendo propostas para exigir que os algoritmos sejam transparentes e explicáveis. Essas regulamentações podem exigir que os desenvolvedores documentem o processo de tomada de decisão dos algoritmos e forneçam explicações claras sobre suas decisões.

Marco regulatório para Inteligência Artificial no Brasil

O Brasil está atualmente desenvolvendo um marco regulatório para Inteligência Artificial (IA). A estrutura está sendo desenvolvida pelo Senado e deve ser finalizada em 2023. O marco estabelecerá uma série de requisitos para o desenvolvimento e uso de sistemas de IA no Brasil. Esses requisitos incluirão: **Transparência**, **Responsabilidade**, **Justiça** e **Privacidade.**

O marco regulatório da IA no Brasil ainda está em estágio inicial de desenvolvimento. No entanto, está claro que a estrutura desempenhará um papel importante para garantir que a IA seja usada de maneira segura, ética e responsável. Além do marco regulatório, o Brasil também está desenvolvendo uma série de outras iniciativas para promover o desenvolvimento e uso responsável da IA. Essas iniciativas incluem a criação de:

Estratégia nacional de IA: Ela delineará as metas do país para o desenvolvimento e uso da IA.

Conselho de ética de IA: Este aconselhará o governo sobre o desenvolvimento ético e o uso de IA.

Centro de pesquisa em IA: Ele conduzirá pesquisas sobre o desenvolvimento e uso ético e responsável da IA.

Espera-se que os três sejam lançados e estejam operacionais em 2023.

Privacidade na era da Inteligência Artificial

A privacidade é um direito fundamental das pessoas, reconhecido em várias declarações de direitos humanos ao redor do mundo. Ela está intrinsecamente ligada à autonomia e dignidade individuais, permitindo que as pessoas controlem o acesso, uso e divulgação de suas informações pessoais. No contexto da era da Inteligência Artificial, a importância da privacidade se torna ainda mais crucial. Com o avanço da tecnologia e a coleta massiva de dados, surge uma série de desafios que precisam ser abordados para proteger as informações pessoais e garantir a confiança no uso da IA.

Direito à privacidade: O direito à privacidade é um princípio fundamental que garante a liberdade e a intimidade das pessoas. Ele se baseia na ideia de que cada indivíduo tem o direito de controlar o acesso e o uso de suas informações pessoais. Isso significa que as pessoas devem ter a capacidade de decidir o que é compartilhado, com quem e em quais circunstâncias. A privacidade permite que as pessoas se expressem, ajam e sejam quem desejam sem medo de vigilância ou julgamento excessivo.

Proteção de informações pessoais: A proteção das informações pessoais é uma parte essencial da privacidade. As informações que identificam uma pessoa (como nome, endereço, número de telefone, dados de saúde, preferências pessoais e histórico de navegação na Internet) são altamente sensíveis e podem revelar aspectos íntimos. Garantir a segurança e confidencialidade dessas informações é fundamental para evitar o uso indevido, a discriminação e a violação dos direitos individuais.

Desafios da privacidade na era da IA: No contexto da IA, a privacidade enfrenta desafios significativos. A coleta massiva de dados é uma realidade na era digital, com empresas e organizações coletando grandes volumes de informações pessoais para alimentar seus algoritmos. Essa coleta excessiva levanta preocupações sobre o controle e a segurança dos dados pessoais, bem como a finalidade para a qual eles serão utilizados. Além disso, a análise e o processamento de dados pessoais por algoritmos de IA podem gerar *insights* e informações sensíveis sem o conhecimento ou consentimento dos indivíduos, resultando em uma potencial invasão de privacidade.

O risco de violações de privacidade também aumentou na era da IA. Vazamentos de dados, acesso não autorizado e o uso inadequado de informações pessoais são preocupações reais. Quando dados pessoais são utilizados sem consentimento explícito ou para fins não éticos, isso pode levar à criação de perfis detalhados e à tomada de decisões automatizadas que afetam a vida das pessoas, sem que elas tenham conhecimento ou controle sobre isso.

As regulamentações citadas estabelecem diretrizes claras sobre a coleta, uso e processamento de dados pessoais, bem como os direitos individuais em relação à privacidade. Elas impõem responsabilidades às organizações para garantir o consentimento informado dos indivíduos, a transparência nas práticas de coleta e o fornecimento de mecanismos para o exercício dos direitos de privacidade.

Além das regulamentações, a incorporação de princípios de privacidade *by design* e privacidade *by default* no desenvolvimento de sistemas de IA desempenha um papel crucial na proteção da privacidade. Isso significa que a privacidade deve ser considerada desde o início do processo de desenvolvimento, projetando-se os sistemas de forma a minimizar a coleta e o uso excessivo de dados pessoais. Configurações padrão que preservam a privacidade devem ser estabelecidas para garantir que os indivíduos não precisem fazer ajustes adicionais para proteger sua privacidade.

Técnicas de preservação de privacidade, como anonimização de dados, mineração de dados segura e criptografia, também desempenham um papel importante na proteção dos dados pessoais. Essas técnicas garantem que as informações pessoais sejam protegidas durante a coleta, o armazenamento e o processamento, reduzindo o risco de identificação e uso indevido.

O consentimento informado é um aspecto essencial da proteção da privacidade. As organizações devem obter o consentimento explícito dos indivíduos antes de coletar e utilizar seus dados pessoais. Isso inclui fornecer informações claras sobre como os dados serão usados, compartilhados e armazenados, bem como permitir que os indivíduos exerçam controle sobre suas preferências de privacidade.

A responsabilidade e a prestação de contas também são fundamentais na proteção da privacidade. As organizações devem ser responsáveis pelo tratamento adequado dos dados pessoais, garantindo que sejam tomadas medidas adequadas para proteger a privacidade dos indivíduos. Auditorias independentes e mecanismos de denúncia são importantes para monitorar e garantir a conformidade com as práticas de privacidade.

A educação e a conscientização são essenciais para capacitar os indivíduos a proteger sua própria privacidade na era da IA. Os usuários devem ser informados sobre os riscos e benefícios do uso de tecnologias de IA, bem como sobre as medidas que podem tomar para proteger sua privacidade. A conscientização pública e a educação sobre a importância da privacidade ajudam a promover uma cultura de proteção de dados e a exigir ações adequadas das organizações.

Participação e engajamento social na governança algorítmica

A participação e o engajamento social na governança algorítmica são fundamentais para garantir a representatividade, a diversidade de perspectivas e a responsabilidade das decisões algorítmicas. Ao envolver os usuários e a sociedade civil, realizar consultas públicas e promover a colaboração entre diferentes partes interessadas, é possível mitigar possíveis vieses, identificar impactos indesejados e promover práticas mais transparentes e justas na governança dos algoritmos. A participação ativa de todos os envolvidos contribui para a construção de sistemas algorítmicos mais éticos, confiáveis e socialmente responsáveis.

O Brasil é um dos países que mais tem envolvido a sociedade civil nos dois principais projetos de leis atuais, a PL 2630/2020 (projeto de lei de combate a desinformação popularmente conhecido como "lei das *fake news*") e a PL 2338/2023 (Marco Legal da Inteligência Artificial). Atores da sociedade civil estão participando ativamente da construção dos projetos de leis e das audiências públicas, o que tem sido importante, dada a fragilidade do país em desenvolver suas próprias tecnologias. Algumas formas têm sido usadas para promover esse engajamento:

1. Incentivar a participação ativa dos usuários e da sociedade civil no desenvolvimento e uso de algoritmos.
2. Promover a conscientização sobre os impactos sociais, éticos e legais dos algoritmos.
3. Fomentar a transparência e a responsabilidade das organizações em relação às decisões algorítmicas.

Aqui estão alguns exemplos reais de participação e engajamento social na governança algorítmica:

Programa piloto do Algoritmo de Detecção de Viés Racial do Departamento de Polícia de Los Angeles: Em 2019, o Departamento de Polícia de Los Angeles iniciou um programa piloto para desenvolver um algoritmo de detecção de viés racial em suas práticas de aplicação da lei. O programa envolveu consultas públicas e reuniões com a comunidade para obter *feedback* sobre o algoritmo proposto, a fim de garantir a transparência, a responsabilidade e a minimização de possíveis vieses discriminatórios.

Iniciativa "*AI Now*" do *AI Now Institute*: O *AI Now Institute*, uma organização de pesquisa e advocacia em Nova York, realiza pesquisas e promove a participação pública na governança algorítmica. Eles organizam conferências anuais, *workshops* e grupos de trabalho para reunir especialistas, ativistas, acadêmicos e membros da sociedade civil para discutir e moldar políticas e práticas em torno da IA e da governança algorítmica.

Consulta pública do Parlamento Europeu sobre IA e robótica: Em 2020, o Parlamento Europeu realizou uma consulta pública como parte de seu processo legislativo para definir as regras e regulamentações em torno da IA e da robótica. A consulta permitiu que cidadãos, organizações da sociedade civil, empresas e especialistas compartilhassem suas perspectivas e preocupações, contribuindo para a elaboração de políticas mais abrangentes e responsáveis.

Programa de consultas públicas do projeto *DeepMind health*: O projeto *DeepMind health*, uma divisão do *Google DeepMind*, conduziu um programa de consultas públicas em 2016 para obter *feedback* da sociedade civil e especialistas em saúde sobre o uso de IA em contextos médicos. As consultas envolveram discussões sobre privacidade, consentimento informado, segurança dos dados e governança algorítmica, garantindo que as preocupações éticas e sociais fossem consideradas no desenvolvimento de soluções algorítmicas.

Código de ética do *European AI Alliance*: O *European AI Alliance*, uma plataforma para diálogo e colaboração entre a Comissão Europeia, especialistas e partes interessadas, desenvolveu um código de ética para a IA com base em contribuições da sociedade civil e de especialistas. O código estabelece princípios e diretrizes para a governança algorítmica responsável, incluindo transparência, responsabilidade, privacidade e inclusão.

A interação entre a sociedade e os algoritmos desempenha um papel significativo em diversas áreas da vida moderna. Os algoritmos influenciam nossas decisões, desde as recomendações de produtos até as notícias que consumimos. Eles têm o potencial de otimizar processos, melhorar a eficiência e facilitar o acesso a informações e serviços. No entanto, também trazem desafios e preocupações que precisam ser abordados.

A sociedade enfrenta a necessidade de equilibrar o uso responsável dos algoritmos com a proteção dos direitos individuais e coletivos. Questões como privacidade, viés algorítmico e transparência são pontos críticos que exigem atenção e regulamentação adequada. A garantia de que os algoritmos sejam desenvolvidos e utilizados de maneira ética, justa e transparente é fundamental para evitar impactos negativos e assegurar que essas ferramentas tecnológicas sejam uma força positiva na sociedade.

Além disso, é importante envolver os diversos atores da sociedade nesse processo. Governos, empresas, instituições acadêmicas e a sociedade civil devem trabalhar em conjunto para definir políticas, estabelecer diretrizes e promover a educação e a conscientização sobre o uso dos algoritmos. A participação e a diversidade de perspectivas são essenciais para garantir uma governança efetiva e uma abordagem inclusiva na tomada de decisões relacionadas aos algoritmos.

No presente, estamos diante de uma oportunidade de moldar o futuro da sociedade em conjunto com os avanços tecnológicos, como os algoritmos. É fundamental aproveitar essa oportunidade para garantir que os algoritmos sejam utilizados de maneira responsável, respeitando os valores e direitos fundamentais da sociedade. Ao fazê-lo, podemos colher os benefícios dessas ferramentas tecnológicas e construir um futuro mais justo, ético e equitativo.

Um exemplo concreto de caso em que a governança de algoritmos se tornou crucial, bem como as lições aprendidas é o caso da *Cambridge Analytica.*

Em 2018, foi revelado que a empresa de consultoria política *Cambridge Analytica* coletou ilegalmente dados pessoais de milhões de usuários do *Facebook*, usando essas informações para influenciar campanhas eleitorais, incluindo a eleição presidencial dos Estados Unidos em 2016. Esse caso destacou a importância da governança de algoritmos e da proteção de dados pessoais. Como resultado, houve uma maior conscientização sobre a necessidade de regulamentações mais rigorosas, como o GDPR na União Europeia, para proteger a privacidade dos usuários e garantir a transparência no uso de algoritmos e dados.

O caso mostrou a importância de regulamentações mais fortes para governar a coleta e o uso de dados pessoais. As empresas devem ser responsáveis por garantir a privacidade dos usuários e ser transparentes em relação ao uso dos dados. Os usuários também devem ser mais conscientes sobre o compartilhamento de suas informações pessoais e exigir maior transparência das plataformas.

Estamos desenvolvendo o debate e construindo os conceitos

Com certeza, estamos vivendo um momento crucial em que os algoritmos desempenham um papel cada vez mais significativo na sociedade. À medida que continuamos a discutir e refletir sobre os impactos dessas tecnologias, é vital construir um debate informado e construtivo para entender melhor os desafios e as oportunidades que os algoritmos apresentam.

A discussão sobre os algoritmos e a sociedade envolve diversas áreas, incluindo ética, direitos humanos, igualdade, justiça, privacidade, transparência e responsabilidade. Explorar esses temas nos ajuda a compreender como repensar o desenvolvimento de algoritmos, declarando e explicitando seus limites. Sendo assim, é fundamental envolver uma ampla gama de vozes e perspectivas nesse debate, incluindo especialistas técnicos, pesquisadores, acadêmicos, legisladores, defensores dos direitos civis e grupos afetados pelos algoritmos. Isso promove uma compreensão mais abrangente dos problemas envolvidos e permite que as soluções propostas sejam mais inclusivas e equitativas.

À medida que avançamos nesse debate, é importante considerar as implicações de longo prazo dos algoritmos, não apenas em termos de seus impactos imediatos, mas também em relação às futuras gerações. Isso envolve ponderar os riscos potenciais, como a concentração de poder, discriminação algorítmica, injustiças sociais, além de buscar maneiras de maximizar os benefícios e promover a igualdade de acesso e oportunidades.

Stephen Hawking, o renomado físico teórico, também trouxe contribuições importantes para a reflexão sobre a ética da Inteligência Artificial. Embora seja conhecido principalmente por seu trabalho no campo da física, Hawking expressou preocupações sobre os avanços rápidos e potencialmente descontrolados da IA e seus possíveis impactos na sociedade. Hawking alertou sobre os riscos da IA se tornar autônoma e superar a capacidade humana de controle. Ele destacou que, se a IA não for adequadamente regulada e direcionada por princípios éticos, pode representar uma ameaça à humanidade. Também foi ressaltada a importância de garantir que a IA seja usada para o benefício humano, com salvaguardas para evitar usos maliciosos ou prejudiciais.

Cathy O'Neil, matemática e cientista de dados, tem sido uma voz proeminente na discussão sobre os impactos dos algoritmos na sociedade. Ela aborda questões críticas relacionadas à ética, transparência e equidade no uso de algoritmos em diversas áreas. Em seu livro *Weapons of math destruction: how big data increases inequality and threatens democracy*, ela expõe preocupações sobre o poder e as consequências dos algoritmos.

O'Neil destaca a maneira como os algoritmos podem perpetuar desigualdades e discriminação, agravando problemas sociais existentes. Ela argumenta que, quando algoritmos opacos e enviesados são usados para tomar decisões importantes, como empréstimos, contratações ou sentenças criminais, as pessoas podem ser prejudicadas de maneiras injustas e sistemáticas. Ela chama esses algoritmos de "armas de destruição em massa matemáticas" (*weapons of math destruction*), pois podem causar danos significativos à sociedade.

A cientista também critica a falta de transparência e prestação de contas na implementação dos algoritmos e argumenta que muitos algoritmos são protegidos como segredos comerciais, o que dificulta a avaliação de seu funcionamento e possíveis vieses. O'Neil defende a necessidade de maior escrutínio e regulamentação para garantir a transparência e responsabilidade no uso de algoritmos.

Outra preocupação levantada por O'Neil é o uso dos algoritmos em sistemas de pontuação e classificação, como escores de crédito ou avaliações de desempenho de professores. Ela alerta para os efeitos prejudiciais desses sistemas que simplificam e reduzem a complexidade da realidade, muitas vezes levando a avaliações injustas e efeitos negativos para as pessoas.

Timnit Gebru, cientista da computação e ativista, fez contribuições significativas para o debate sobre algoritmos e Inteligência Artificial, especialmente no que diz respeito à justiça social, equidade e ética. Ela concentrou sua pesquisa em questões de viés, discriminação e representação adequada em sistemas de IA.

Gebru é conhecida por seu trabalho sobre os vieses presentes em algoritmos de reconhecimento facial, mostrando como esses sistemas podem ter desempenho inconsistente e injusto em diferentes grupos raciais e étnicos.

Ela destacou como a falta de diversidade nas equipes de desenvolvimento e a falta de dados representativos podem levar a sistemas algorítmicos discriminatórios e perpetuar desigualdades.

Além disso, Gebru tem sido uma defensora da transparência e responsabilidade nos algoritmos. Ela tem levantado questões sobre as práticas de divulgação de empresas de tecnologia e a necessidade de tornar os algoritmos mais compreensíveis e explicáveis. Ela argumenta que a opacidade dos algoritmos dificulta a identificação e a correção de vieses e erros. Gebru também aborda preocupações sobre o uso de IA em contextos de vigilância e monitoramento. Ela ressalta os riscos para a privacidade e os direitos individuais quando a IA é aplicada em larga escala para coletar dados pessoais e tomar decisões que afetam as pessoas.

Além da pesquisa, Gebru é conhecida pela atuação como ativista e promotora da diversidade e inclusão na tecnologia. Ela cofundou a organização *Black in AI*, que tem como objetivo aumentar a representação de pessoas negras na comunidade de IA.

À medida que exploramos o impacto dos algoritmos na sociedade, torna-se evidente que precisamos considerar uma variedade de questões interligadas. A ética e a equidade são fundamentais nesse debate, pois os algoritmos podem amplificar desigualdades existentes, perpetuar vieses e levar a discriminação injusta. É essencial garantir que essas ferramentas sejam projetadas, implementadas e utilizadas de maneira justa, considerando os direitos individuais e coletivos.

A educação e a alfabetização digital também desempenham um papel vital na construção de uma sociedade que compreenda e possa lidar de forma crítica com os algorit-mos. A capacitação das pessoas para entender e questionar as implicações dos algoritmos é essencial para a participação informada e para evitar a manipulação ou a exclusão injusta.

Em última análise, a reflexão sobre os algoritmos e a sociedade nos desafia a encontrar um equilíbrio entre os benefícios e os riscos.

E agora?

Nesta obra, buscamos oferecer uma introdução acessível e instigante aos conceitos fundamentais de algoritmos, Inteligência Artificial e aprendizado de máquina. Além disso, exploramos a importância da governança de algoritmos e os desafios e oportunidades que a sociedade contemporânea enfrenta nesse contexto.

Ao compreender os conceitos e refletir sobre suas implicações, esperamos que o leitor esteja mais preparado para participar ativamente do debate em torno dessas tecnologias e contribuir para uma sociedade consciente, ética e inclusiva.

A jornada pela compreensão dos algoritmos e da inteligência artificial está apenas começando, e é com entusiasmo que encorajamos você, leitor, a continuar explorando, questionando e aprendendo sobre esse tema em constante evolução.

Esperamos que a leitura tenha sido proveitosa e enriquecedora. Continuamos na busca por um futuro em que a tecnologia esteja a serviço do bem-estar coletivo.

Coleção MyNews Explica

MyNews Explica Evangélicos na Política Brasileira – Magali Cunha
MyNews Explica Eleições Brasileiras – Luis Felipe Salomão e Daniel
Vianna Vargas
MyNews Explica Budismo – Heródoto Barbeiro
MyNews Explica Pesquisas Eleitorais – Denilde Holzhacker
MyNews Explica a Rússia Face ao Ocidente – Paulo Visentini
MyNews Explica Sistema Imunológico e Vacinas – Gustavo Cabral
MyNews Explica Como Morar Legalmente nos Estados Unidos –
Rodrigo Lins
MyNews Explica O Diabo - Edin Sued Abumanssur
MyNews Explica Buracos Negros – Thaísa Bergman
MyNews Explica Política nos EUA – Carlos Augusto Poggio
MyNews Explica Economia – Juliana Inhasz
MyNews Explica Exoplanetas – Salvador Nogueira

Próximos lançamentos

MyNews Explica Sistemas de Governo – Denilde Holzhacker
MyNews Explica Astronomia – Cássio Barbosa
MyNews Explica Interculturalidade – Welder Lancieri Marchini
MyNews Explica Liberalismo – Joel Pinheiro da Fonseca
MyNews Explica Fascismo – Leandro Gonçalves; Odilon Caldeira
Neto
MyNews Explica Integralismo – Leandro Gonçalves; Odilon
Caldeira Neto
MyNews Explica Comunismo e Socialismo – Rodrigo Prando
MyNews Explica a Inflação – André Braz

MyNews Explica Relações Internacionais – Guilherme Casarões

MyNews Explica Nacionalismo x Globalização: a polarização do nosso tempo – Daniel Souza e Tanguy Baghadadi

MyNews Explica Estabilidade Mundial – Daniel Souza e Tanguy Baghadadi

MyNews Explica Mulheres na Política Brasileira – Manuela D'Avila

MyNews Explica HIV ou A Cura da AIDs – Roberto Diaz

MyNews Explica Comportamento e Saúde Financeira – Jairo Bouer

Mynews Explica Galáxias Distantes – Ricardo Ogando

MyNews Explica Negacionismo – Sabine Righetti e Estevão Gamba

Mynews Explica Democracia – Creomar Souza

MyNews Explica Trabalho e Burnout – Jairo Bouer